AF596946

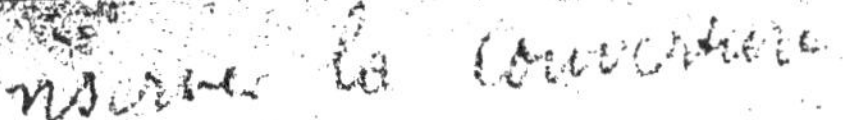

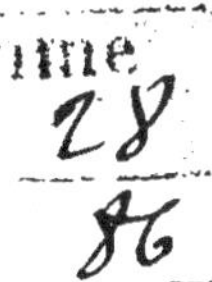

L'ART CHRÉTIEN POPULAIRE

ET

DESCRIPTION

DU

PAROISSIEN POPULAIRE ILLUSTRÉ

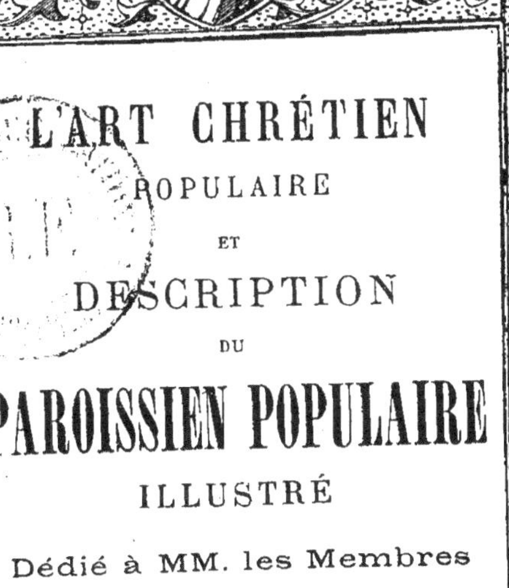

Dédié à MM. les Membres du Clergé

Par A. VASSEUR S. J.

C. PAILLART, Imprimeur-Editeur, Abbeville

Prix de cette Brochure : 40 c.

Prix spécial pour la Propagande : 20 fr. le cent

(Voir au verso de la couverture les annonces de l'Œuvre)

A
MM. LES MEMBRES
DU CLERGÉ
L'AUTEUR DÉDIE
respectueusement
CET
OPUSCULE
ET LE
PAROISSIEN
POPULAIRE
ILLUSTRÉ
S. FRANCOIS ASSISE
S. MICHEL
S. AUGUSTIN
UBI PETRUS IBI ECCLES

Sujets tirés des Catacombes. — Le Bon Pasteur.

DÉDICACE AU CLERGÉ

Mes vénérés Confrères,

Je m'estimerais heureux d'obtenir la faveur de votre concours pour l'œuvre de propagande dont vous avez un spécimen dans ce petit livret.

Personne n'ignore que, dans les siècles précédents, c'est exclusivement à l'initiative du Clergé et des Ordres religieux, que l'on est redevable de tous ces chefs-d'œuvre de l'Art chrétien qui couvrent le sol de notre patrie, et dont elle est encore aujourd'hui si fière.

Ils ne sont pas équitables ceux qui, en notre temps, accusent le clergé d'avoir mis en oubli la science de l'Art chrétien, glorieux patrimoine reçu de ses devanciers.

Alors que le prêtre a été dépouillé, que son principal ministère, l'enseignement chrétien, est assidûment entravé, que le monopole de l'enseignement de l'Art a été usurpé par l'Etat, peut-on légitimement nous faire un crime de ne plus connaître à fond, et de ne plus diriger cette science de l'Art chrétien, dont nous avons été si longtemps les seuls dépositaires ?

Jésus-Christ enseignant.

Si difficile que soit aujourd'hui notre situation à cet égard, il y a quelque chose à faire, et en unissant nos efforts, nous pourrons le faire. Dans l'Art chrétien, le premier département qui s'offre à nous, est l'Imagerie populaire, instrument le plus simple et le plus efficace pour instruire et édifier ies âmes qui nous sont confiées. La crainte de n'avoir pas atteint la perfection désirable ne doit pas décourager les premiers efforts. C'est dans cette pensée que j'ose vous offrir aujourd'hui cet humble opuscule où j'ai consigné, sous forme de simples notes, les réflexions de quelques bons auteurs sur l'Art chrétien. Permettez-moi d'espérer qu'à la faveur du prix très-minime des exemplaires pris par centaines, ce livret obtiendra de vous un favorable accueil et trouvera dans le clergé la diffusion désirable.

Il en est de même du *Nouveau Paroissien populaire illustré*, dont ce livret donne la description. On s'est attaché à réunir dans un seul volume, qui se vendra à un prix très-infime, tous les sujets, (au nombre de 500), relatifs à la religion. Ils sont représentés dans un style conforme aux traditions de l'Art chrétien, depuis trop longtemps méconnues parmi nous dans l'exécution de l'Imagerie populaire.

A. Vasseur, Missionnaire, S. J.
1, rue Desnouettes, Vaugirard-Paris.

TABLE DES NOTES SUR L'ART CHRÉTIEN

Pl. Le signe du Chrétien.

TABLE DES ILLUSTRATIONS

CONTENUES DANS CETTE BROCHURE

Pl. Dieu créateur. — Les Anges. — Le premier homme.

Pl. Expulsion du Paradis. — Promesse d'un Rédempteur.

BUT DE CETTE PUBLICATION

« Nous ne voulons pas autre chose que de peindre des saints et des saintes dans nos fresques et nos tableaux, pour combattre les démons et rendre les hommes meilleurs. » (Buffalmaco.)

Ces simples paroles feront toute la préface de notre livre.

L'*Œuvre des Images destinées aux Missions* a déjà publié plusieurs travaux pour favoriser l'enseignement du catéchisme (1).

La présente publication n'a pas d'autre but : c'est un livre de prières mis en catéchisme illustré. Les douze cents scènes qui décorent les marges font un enseignement complet de la religion.

Mais, de plus, si l'idée n'est pas jugée trop ambitieuse chez un pauvre missionnaire ouvrier en images, l'auteur serait heureux de collaborer pour sa faible part, à la tâche que poursuivent, avec tant de courage et d'intelligence, MM. les membres des Comités de l'Art chrétien : détruire le mauvais goût dans l'imagerie religieuse, en vulgarisant dans le peuple les saines traditions de l'Iconographie chrétienne.

(1) Voir le Catalogue au dos du livret.

Pl. Le jugement dernier.

Pour racheter en quelque manière les nombreuses imperfections de son travail, l'auteur a voulu que les spécimens des illustrations du Paroissien servissent d'encadrements à des textes soigneusement choisis sur l'art chrétien. Ces courts extraits ont été empruntés principalement aux excellents ouvrages de M. E. Cartier.

L'auteur prie l'éminent écrivain, le pieux solitaire de Solesmes, de vouloir bien agréer ses félicitations et ses remerciements pour ses beaux ouvrages, où il lui a été donné de puiser les éléments de la plus judicieuse critique. Il saisit en même temps l'occasion de remercier tous ceux qui ont daigné accorder à ses humbles travaux des encouragements auxquels il n'eut pas osé aspirer : M. le baron de Béthune, fondateur de l'école Saint-Luc en Belgique ; M. le baron d'Avril, président de la Société de l'Art chrétien à Paris ; MM. Barral de Barret et Cavalier, membres du Comité de l'Art chrétien en Languedoc.

A. Vasseur S. J.
Rue Desnouettes, Vaugir. Paris.

LE PAROISSIEN ILLUSTRÉ DES PAUVRES, DANS L'ABSIDE DE LA CATHÉDRALE DU MANS

Au moyen-âge la charité avait trouvé le moyen d'instruire et d'édifier non-seulement les riches mais aussi les pauvres par les livres d'églises ornés de miniatures. On trouve un vestige de cette coutume dans une petite niche que les visiteurs de la cathédrale du Mans peuvent voir dans la nef absidiale du chœur, du côté de l'épître. Nous en donnons ici la simple esquisse. Le livre, probablement ouvert à l'endroit de l'office du jour, était placé sous un grillage. Les bonnes gens du peuple pouvaient venir lire l'office et contempler les miniatures représentant les mystères. Le paroissien populaire illustré dont nous entreprenons la publication, a pour but de multiplier en faveur des pauvres ce moyen d'instruction et d'édification. Au lieu d'un seul exemplaire à la disposition d'une paroisse entière, nous en aurons des milliers, et il ne faudra pas être riche pour s'en procurer la possession. Voici la traduction de l'inscription latine :

Maître Cyrille Théolardi, chanoine de cette église,
a donné ce bréviaire pour l'usage des pauvres.
Priez Dieu pour lui.

SAINTE ÉLISABETH DEVANT LES MINIATURES DES LIVRES D'ÉGLISE

« Sainte Elisabeth, toute petite, prenait plaisir à regarder les miniatures des livres d'églises. Toutes les fois qu'elle le pouvait, elle entrait dans la chapelle du château, et là, se couchant au pied de l'autel, elle faisait ouvrir devant elle un grand psautier, bien qu'elle ne sût pas encore lire, pliant ses petites mains et levant les yeux vers le ciel, elle se livrait avec un recueillement précoce à la méditation et à la prière. »

Cte DE MONTALEMBERT. *Vie illustrée de sainte Elisabeth,* p. 430.

SPÉCIMEN DE QUELQUES PAGES

DU PAROISSIEN POPULAIRE

ILLUSTRÉ

Comme il ne nous sera pas possible d'envoyer gratuitement des spécimens du Paroissien complet, nous faisons en sorte que l'on trouve dans ce livret tous les renseignements nécessaires pour faire juger de la nature de l'ouvrage.

Les **72** planches spécimens des XXXIII séries de sujets, donnent l'idée de ce que seront les illustrations.

On jugera du texte par les trois pages suivantes, contenant l'office du Ier Dimanche de l'Avent.

Le papier, le format, le mode d'impression, seront les mêmes que dans ce livret. Le Paroissien aura 620 pages. Il renfermera tout ce qu'on doit trouver dans un livre de ce genre pour suivre les offices, c'est-à-dire, outre les prières et dévotions ordinaires, tous les offices des Dimanches, des Fêtes d'obligation, et même les Fêtes qui peuvent être renvoyées au Dimanche. Enfin il contiendra la Messe de mariage, celle des funérailles, etc., etc.

Le Ier Dimanche de l'Avent

A LA MESSE

Introït. Ad te levavi animam meam : Deus meus, in te confido, non erubescam ; neque irrideant me inimici mei : etenim universi qui te exspectant non confundentur. *Ps.* Vias tuas, Domine, demonstra mihi, et semitas tuas edoce me. ℣. Gloria Patri, et Filio, et Spiritui sancto : Sicut erat in principio, et nunc, et semper, et in sæcula sæculorum. Amen. Ad te levavi.

Collecte. Déployez votre puissance, Seigneur, et venez, afin que nous méritions d'être délivrés par votre secours des dangers auxquels nous exposent nos péchés, et d'être sauvés par vous, notre libérateur. Qui, étant Dieu, vivez et régnez avec Dieu le Père, en l'unité du Saint-Esprit, dans tous les siècles des siècles. ℟. Ainsi soit-il.

Epître

Mes frères, Nous savons que l'heure est venue de nous réveiller de notre assoupissement ; car le salut est maintenant plus près de nous que lorsque nous avons commencé à croire. La nuit est déjà fort avancée, et le jour approche. Renonçons donc aux œuvres de ténèbres, et revêtons-nous des armes de lumière. Marchons suivant toutes les règles de la bienséance, comme on a soin de le faire durant le jour : ne nous laissons point aller aux excès de la bonne chère et du vin, aux impuretés, aux dissolutions, aux querelles, aux jalousies ; mais revêtez-vous de notre Seigneur Jésus-Christ.

Graduel. Universi qui te exspectant, non confundentur, Domine. v. Vias tuas, Domine, notas fac mihi, et semitas tuas edoce me.

Alleluia, alleluia. v. Ostende nobis, Domine, misericordiam tuam, et salutare tuum da nobis. Alleluia.

Evangile

En ce temps-là, Jésus dit à ses disciples : Il y aura des prodiges dans le soleil, dans la lune et dans les étoiles ; sur la terre, les peuples seront dans la consternation par le trouble que causera le bruit de la mer et des flots ; les hommes sècheront de frayeur dans l'attente des maux dont le monde sera menacé : car les vertus des cieux seront ébranlées. Alors ils verront le Fils de l'homme qui viendra sur une nuée avec une grande puissance et une grande majesté. Or, quand ces choses commenceront à arriver, levez la tête et regardez, parce que votre délivrance approche. Il leur proposa ensuite cette comparaison : Considérez le figuier et

les autres arbres : lorsque leurs premières feuilles paraissent, vous jugez que l'été n'est pas éloigné. Ainsi, lorsque vous verrez arriver ces choses, sachez que le règne de Dieu est proche. Je vous dis en vérité que cette génération ne finira point que tout cela ne soit accompli. Le ciel et la terre passeront, mais mes paroles ne passeront point.

Offertoire. At te levavi animam meam : Deus meus, in te confido, non erubescam : neque irrideant me inimici mei ; etenim universi qui te exspectant, non confundentur.

Secrète. Faites, Seigneur, que, purifiés par la puissante vertu de ces mystères, nous célébrions plus dignement la fête qui en a été le principe. Nous vous le demandons par N. S. J.-C.

Communion. Dominus dabit benignitatem, et terra nostra dabit fructum suum.

Postcommunion. Faites, s'il vous plaît, Seigneur, que nous ressentions les effets de votre miséricorde au milieu de votre temple, afin que nous nous préparions à célébrer dignement la fête solennelle de notre rédemption. Par N. S. J.-C.

Benedicamus Domino. (*Ce qui s'observe toutes les fois qu'on n'a pas dit* Gloria in excelsis).

DESCRIPTION
DES
33 SÉRIES D'ILLUSTRATIONS
Contenues dans le Paroissien populaire illustré

Ire SÉRIE
L'ANCIEN TESTAMENT
24 PLANCHES, 50 SUJETS

(D'après KLEIN, dans le *Missel illustré* de M. PUSTET, Ratisbonne.)

Explication de cette Planche : Abraham salué par trois Anges. — Sacrifice d'Abraham.

LE SYMBOLISME CHRÉTIEN : LA CRÉATION

« La raison et la définition du symbolisme est dans le texte de saint Paul : Les perfections invisibles de Dieu, depuis la création du monde, sont intelligibles par les choses qui ont été faites ; elles sont visibles ainsi que son éternelle puissance et sa divinité. »

« Tous les jours de la création virent naître de nouveaux symboles. Le Verbe fit d'abord la lumière, sa plus fidèle image : « Je suis la lumière du monde. »......

E. CARTIER.

Lettres d'un solitaire, I. p. 28, 29.

IIe SÉRIE

LES PATRIARCHES DE L'ANCIENNE LOI

14 PLANCHES, 28 SUJETS

Pl. Moïse. — Aaron.

LE SYMBOLISME CHRÉTIEN : LES PATRIARCHES

« Le Verbe incarné est le symbole parfait de Dieu, puisque le Christ a pu dire. « Celui qui me voit, voit mon Père, mon Père et moi nous ne faisons qu'un. »......

« Sa vie divine le fait préexister dès l'origine du monde. Il se choisit des symboles dans l'humanité comme il s'en est donné dans la nature. Ce symbolisme historique commence au premier homme, qui a été fait surtout à la ressemblance, car il est le principe de vie de toutes les générations. Et cette ressemblance se continue dans toutes les grandes figures de l'Ancien Testament. Abel, Noë, Abraham, Isaac, Jacob, Moïse, Josué, David, Salomon, représentent Celui que les prophètes annoncent et que les nations attendent. »

Lettres d'un solitaire, I. p. 32.

IIIe SÉRIE

LE NOUVEAU TESTAMENT

La vie de N. S. Jésus-Christ

35 PLANCHES, 70 SUJETS

Pl. L'Ange annonce à Zacharie la naissance de saint Jean-Baptiste. — L'Annonciation de la T.-S. Vierge.

LE SYMBOLISME CHRÉTIEN : LE VERBE INCARNÉ

« Toute la vie de N. S. depuis la crèche de Béthléem jusqu'à la croix du Calvaire, nous montre l'Invisible, la Grandeur, la Sainteté, la Justice, la Bonté de Dieu. Les Mages viendront l'adorer dans les langes de son berceau et lui offrir l'encens, l'or et la myrrhe, pour reconnaître sa divinité, sa royauté, dans la faiblesse de son humanité. Son nom sera Jésus, *Sauveur*, et il l'appellera lui-même la Lumière, la Voie, la Vérité, la Vie, le Pain du ciel, le Grain de blé qui doit nourir pour produire au centuple, la Vigne, qui porte les rameaux et les fruits. Ses actions et ses miracles sont des exemples et des symboles ; il se fait connaître par des paraboles ; il est le bon samaritain qui guérit nos âmes, le semeur qui sème la vérité, le maître qui fait travailler à la vigne...... le bon pasteur qui donne sa vie pour les brebis......

Lettres d'un solitaire, I. p. 32.

IVe SÉRIE

SCÈNES DE LA VIE DE NOTRE SEIGNEUR

10 PLANCHES, 10 SUJETS

Le Calvaire, d'après un vieux manuscrit.

LE SYMBOLISME CHRÉTIEN : JÉSUS-CHRIST

« Et quand vient le jour d'immoler le véritable Agneau pascal, il apparaît au prêtoire comme le symbole de l'expiation, avec sa couronne d'épines, son roseau, son manteau de pourpre et sa chair sanglante : *Ecce Homo.* C'est le symbole de l'homme frappé par la justice divine. Isaac immolé par son père. Il ne meurt qu'après avoir vu, du haut de la Croix, qu'il avait accompli toutes les prophéties et réalisé tous les symboles de l'Ancien Testament : *Consummatum est !* »

Lettres d'un solitaire, I. 33.

Ve SÉRIE

LES CÉRÉMONIES DE LA MESSE

15 PLANCHES, 30 SUJETS

Pl. Le sacrifice de la nouvelle loi.

LE SYMBOLISME CHRÉTIEN : LE SACRIFICE

« Notre Seigneur, avant de quitter le monde, avait laissé à l'Eglise le symbole qui perpétue sa présence, et qui cache sous les apparences eucharistiques l'Homme-Dieu tout entier.

Le sacrifice de la Messe doit renouveler jusqu'à la fin des siècles le sacrifice du Calvaire. L'Hostie sainte est le principe du symbolisme chrétien, le centre et la source de la liturgie sacrée.

La liturgie est la forme la plus élevée, la plus parfaite du symbolisme, puisqu'elle est la règle du culte que nous devons rendre à Dieu notre Créateur...

Le symbolisme liturgique de l'Eglise résume le symbolisme naturel et historique dont s'est revêtu Notre Seigneur dans l'Ancien et le Nouveau Testament. Si le symbolisme est la langue que parlent Dieu et l'homme, la liturgie en est la littérature. Comment comparer la littérature profane à cette littérature sacrée que nous offrent le Missel, le Bréviaire, le Pontifical, le Rituel?... »

Lettres d'un solitaire, I. 37.

VIe SÉRIE

LES SAINTS ANGES

15 PLANCHES, 20 SUJETS

Pl. Ange, Fra Angelico.

SYMBOLISME CHRÉTIEN : LES ANGES

« C'est surtout par la *Hiérarchie céleste* de saint Denys l'Aréopagite que nous connaissons la nature, les noms et les fonctions des anges. Dans le XVe chapitre, après avoir expliqué la forme lumineuse qu'on leur donne, pour exprimer une certaine conformité qu'ils ont avec la Divinité, saint Denys nous apprend pourquoi on les représente aussi sous une forme humaine, la plus noble du monde visible.

VIe SÉRIE

LES SAINTS ANGES

15 PLANCHES, 20 SUJETS

Pl. Anges, Flandrin.

SYMBOLISME CHRÉTIEN : LES ANGES

« Si on leur prête nos sens, c'est que la vue indique leur profonde intelligencedes secrets éternels, et leur paisible intuition des lumières divines. L'odorat symbolise la faculté de savourer la bonne odeur des choses surnaturelles et de fuir tout ce qui n'exhale pas ce sublime parfum ; l'ouïe, le privilége de l'inspiration ; le goût, la jouissance des nourritures spirituelles et des ineffables délices ; le tact, le discernement parfait de ce qui convient et de ce qui peut nuire. »

Lettres d'un solitaire, I. 44.

VIIe SÉRIE

SAINTS POPULAIRES

Pl. St Ambroise. — St Honoré.

SYMBOLISME CHRÉTIEN : LES SAINTS

« Lorsque Jésus-Christ est né, qu'il est mort, qu'il est ressuscité, qu'il a disparu dans la gloire, l'Eglise, son épouse, lui enfante sans cesse de nouveaux symboles ; car le Christ est venu pour nous faire à son image. Les Saints sont d'autres Christs, les copies du Verbe, l'éternel et parfait symbole. »

Lettres, I. 32.

VIIe SÉRIE

LES SAINTS FONDATEURS D'ORDRE

12 PLANCHES, 20 SUJETS

Pl. St Bruno. — St Jean de la Croix.

SYMBOLISME CHRÉTIEN : LES FLEURS

« Les fleurs surtout offraient un monde peuplé des plus charmantes images, un langage muet qui exprimait les sentiments les plus tendres et les plus vifs. Le peuple se rencontrait avec les docteurs pour donner à ces deux objets de son attention journalière les noms de ceux qu'il aimait le plus, les noms des apôtres, de ses saints favoris ou des saintes dont l'innocence et la pureté semblaient se réfléchir dans la pure beauté des fleurs... Marie surtout, cette fleur des fleurs, cette rose sans épine, ce lys sans tache, avait une innombrable quantité de fleurs que son doux nom rendait d'autant plus belles et plus chères à son peuple. Les grands savants de nos jours ont cru mieux faire de substituer à son souvenir celui de Vénus !

VIIe SÉRIE

LES APOTRES

Pl. Saint Pierre. — Saint Jean.

SYMBOLISME CHRÉTIEN : LES FLEURS

« Par exemple la fleur qui, dans toutes les langues de l'Europe, s'appelait *Soulier de la Vierge,* a été nommée *Cyprepedium calceolus.* Autre exemple notable de grossier matérialisme : cette charmante fleur bleu-ciel, que les Allemands appellent : *Ne m'oubliez pas,* qui, en France, avait reçu généralement le nom de : *Yeux de la sainte Vierge,* le pédantisme moderne a remplacé ces doux noms par celui de *Myosotis scorpioïde,* c'est-à-dire *Oreilles de souris à physionomie de scorpion !* »

Cte DE MONTALEMBERT.
Vie de Ste Elisabeth, introduction, p. 94.

VIIIe SÉRIE

PRINCIPALES VÉRITÉS DU CATÉCHISME

20 PLANCHES, 40 SUJETS

RÉSURRECTION DES TRADITIONS DE L'ART CHRÉTIEN

Qu'est-ce que ce mouvement universel de l'esprit public qui depuis quarante ans ramène les études vers ces traditions du moyen-âge que les sinistres ravages du dernier siècle semblaient avoir détruites? N'est-ce pas l'action divine subjuguant l'histoire et la science et les contraignant à proclamer la vérité, en réfutant les mensonges répandus en leur nom?

L'art du moyen-âge méconnu et bafoué au XVIIe siècle a été de nos jours prôné et glorifié par ceux-là même qui comprenaient le moins son immortelle beauté.

Voltaire, énumérant les monumens de la ville de Paris dans son histoire de Louis XIV, avait supprimé Notre-Dame! Ses disciples au contraire furent les premiers à entreprendre la monographie de cette cathédrale et les plus empressés à concourir à sa restauration.

Etude sur l'Art chrétien, p. 176.

VIIIe SÉRIE

LES PRINCIPALES VÉRITÉS DU CATÉCHISME

20 PLANCHES, 40 SUJETS

Pl. L'Extrême-Onction.

NICOLAS POUSSIN

« Nicolas Poussin surpassa par la science et la sincérité de son style, les Carrache, les Dominiquin et le Guide, ses contemporains. S'il se préoccupa plus dans ses compositions des règles de l'art que des sentiments de piété, il traita toujours les sujets religieux avec une intelligence véritable et une parfaite convenance. Tous ses tableaux sont médités et profondément pensés. »

E. CARTIER. *L'Art chrétien,* p. 168.

IXe SÉRIE

LES FINS DERNIÈRES DE L'HOMME

20 PLANCHES, 20 SUJETS. — *Pl.* L'enfer.

L'EXPLICATION DU CATÉCHISME PAR LES IMAGES

Le bien qu'opéraient alors en Bretagne les tableaux spirituels de M. Le Nobletz et du vénérable P. Maunoir, lui donna l'idée d'en transporter l'usage au milieu des forêts de la Nouvelle-France, et il avoue lui-même que cette méthode lui fut infiniment utile pour fixer l'attention de ces esprits rebelles, mais curieux, qui refusèrent d'abord d'écouter sa parole et se bouchaient les oreilles de leurs deux mains dès qu'il voulait élever la voix pour parler de Dieu. La Vénérable Marie de l'Incarnation donnant à son fils quelques détails sur les premiers tableaux où le P. Pierron avait representé l'Enfer et le Ciel, ajoutait dans une de ses lettres. « Ces pauvres gens sont si ravis qu'ils suivent le Père partout et le tiennent pour le plus grand génie du monde. Il fait tout ce qu'il veut par le moyen de ses peintures. Les Iroquois en sont si touchés qu'ils ne parlent dans leurs conseils de la nation que de ces matières. Ils écoutent le Père avec une avidité admirable. Il a baptisé un grand nombre de personnes. » (1).

(1) Une nouvelle collection de 61 grands tableaux 0^{m},84 sur 0^{m},57) vient d'être éditée par le P. Vasseur. A la sollicitation des missionnaires, le prix a été abaissé à la somme très-minime de 25 fr. — En couleur, 55 fr. — S'adresser à M. Daniel, 76, rue Bonaparte, Paris.

Xe SÉRIE

LE CHEMIN DE LA CROIX

(D'après Klein, chez Pustet, Ratisbonne).

Pl. Douzième et treizième stations.

ORIGINE CHRÉTIENNE DE LA GRAVURE

« Ce que personne ne contestera, c'est que la gravure, telle que nous l'avons maintenant, est une inspiration chrétienne ; elle a été employée avant tout à la représentation des saintes images. ».

« Le P. Claver, pour convertir les pauvres nègres, parlait à leurs sens : c'est le premier moyen de faire comprendre les vérités qu'on leur veut enseigner. Il avait fait peindre quelques tableaux dont le plus grand était fait de manière à les frapper davantage. Il représentait Jésus-Christ crucifié. Des ruisseaux de sang coulaient de ses plaies dans un vase élégant de formes et riche d'ornements. Un prêtre puisait dans ce sang pour en baptiser un nègre qui attendait cette grâce à genoux Un Pape et des Cardinaux, des Rois et des Princes assistaient à cette cérémonie, adorant la miséricorde du Dieu Sauveur qui prodiguait son sang pour le salut du monde. A droite, des nègres richement parés et brillants de gloire, étaient ceux qui avaient reçu le Baptême. A gauche étaient d'autres nègres, mais difformes, hideux, épouvantés par des monstres prêts à les dévorer. Ceux-là représentaient tous ceux qui avaient refusé l'eau régénératrice. Ce tableau était d'un plus grand effet sur les pauvres esclaves que ne l'eussent été de longs discours. »

XIe SÉRIE

LA VIE DE LA T.-Ste VIERGE

12 PLANCHES, 24 SUJETS

Pl. La Pentecôte. — L'Assomption.

LES LIVRES ILLUSTRÉS DE RELIGION

« Les plus anciens livres publiés en Hollande sont : le *Miroir du Salut*, la célèbre *Bible des Pauvres*, les *Visions de l'Apocalypse*, le *Cantique des cantiques* ou l'*Histoire de la Vierge*, et l'*Art de bien mourir.*

Ces livres, qui continuaient l'art des manuscrits, mettaient à la portée du peuple, au moyen des images, l'explication des Saintes Ecritures. La *Bible des Pauvres* surtout rapproche la vie de N.-S. et les faits de l'Ancien Testament qui en sont les figures. L'*Histoire de la Vierge* expose très-heureusement l'union mystique de l'âme avec le Christ. Ces compositions, souvent très-naïves, sont quelquefois d'une grande beauté. Elles offrent aux artistes, non pas des modèles à copier, mais des sujets à méditer. Il serait à désirer qu'on refit ces livres si pleins de doctrine et de pieuses inspirations, sans reproduire leurs fautes de dessin et leurs irrégularités. »

Lettres d'un solitaire, II. 245.

XIIe SÉRIE

LES LITANIES DE LA T.-Ste VIERGE

12 PLANCHES, 36 SUJETS

LES MANUSCRITS ONT FORMÉ L'ICONOGRAPHIE CHRÉTIENNE

« Ce fut surtout dans les manuscrits que se forma l'iconographie chrétienne. En transcrivant les textes sacrés, la main des moines s'exerçait à les traduire en images. Ils en représentaient naïvement les scènes et créaient peu à peu des types nouveaux d'une orthodoxie parfaite ; ils multipliaient les symboles d'après les Commentaires des saints Pères, rapprochaient les passages de l'Ancien et du Nouveau Testament..... Rien n'est plus étonnant, sous ce rapport, que les Bibles moralisées du moyen âge. Quelques-unes comprennent plusieurs volumineux in-folios dont chaque page contient plus de vingt miniatures. »

Etude sur l'Art chrétien, p. 116.

XIIe SÉRIE

LES LITANIES DE LA T.-Ste VIERGE

12 PLANCHES, 36 SUJETS

Pl. Tour de David. — Tour d'ivoire. — Rose mystique.

LES EMBLÈMES DE LA T.-Ste VIERGE

« Dans la liturgie sacrée, dans les prières de l'Eglise, des emblèmes multipliés sont appliqués à Marie par voie de comparaison : le cèdre, le cyprès, le palmier, l'olivier, le platane, le rosier... tous ces emblèmes ne suffisent pas pour dire tout ce qu'il y a dans Marie d'attrait, de fraîcheur, de grandeur et de beauté... mais l'énumération continue... elle est un miroir, un trône, non pas seulement un vase, mais il faut toute une série de vases pour la représenter, elle est doublement une tour par sa force à l'abri de toute attaque, une maison d'or par son prix inestimable, l'arche d'alliance, la porte du ciel. Les litanies où elle est invoquée, sont loin d'épuiser la série de tous les titres qui lui sont applicables. »

Cte GRIMOUARD DE St-LAURENT,
Manuel de l'Art Chrétien, p. 205.

XIIIe SÉRIE

LES MADONES CÉLÈBRES

Le Rosaire, la Congrégation, etc.

20 PLANCHES, 30 SUJETS

Pl. Vierge de Cimabue,

LES VIERGES BYZANTINES

« Les Madones Byzantines, malgré leurs traits durs et leurs sombres couleurs, ont un grand caractère ; la Vierge est représentée dans toute la dignité de sa maternité divine. Elle adore son Fils en le présentant aux hommes. Il semble qu'il y a dans la joie et son regard comme un pressentiment du Calvaire. L'Enfant Jésus trône entre les bras de sa mère et bénit ceux qu'il vient sauver : tout est grave, profond, mystérieux. »

Lettres d'un solitaire, II. 232.

XIIIe SÉRIE

LES MADONES CÉLÈBRES, ETC.

10 PLANCHES, 20 SUJETS

Pl. La consécration du Congréganiste.

JUGEMENT SUR LES VIERGES DE RAPHAEL

« Les Madones de la Renaissance ne sont plus des objets de dévotion à placer sur les autels. Ce sont des œuvres d'art, destinées à orner le palais des princes, à devenir l'orgueil d'une famille, à perpétuer les traits d'un bel enfant ou d'une femme bien-aimée. Les Madones de Raphaël sont toutes de ce genre. Le peintre ne rêve qu'un motif gracieux, une aimable scène de famille... il n'a pas cherché à se créer un type, un idéal de la Vierge. Toutes ces madones sont différentes ; elles varient suivant les modèles et les circonstances. »

Lettres d'un solitaire, I. p. 169.

XIVe SÉRIE

LES FÊTES DE NOTRE SEIGNEUR

Et de la très-sainte Vierge

20 PLANCHES, 10 SUJETS

Pl. L'Annonciation de la sainte Vierge.

L'UNITÉ DE L'ART CHRÉTIEN AU MOYEN-AGE

« Les écoles de peinture ne se différencient qu'à la Renaissance, lorsque les artistes se mettent à la suite d'un maître pour imiter sa manière, son dessin, sa couleur. Mais au moyen-âge, l'art a l'unité de l'Eglise qui l'inspire. Il n'a qu'un but, ce but si simplement proclamé par Buffalmaco : Nous ne voulons pas autre chose que peindre des saints et des saintes dans nos fresques et nos tableaux, pour combattre les démons et rendre les hommes meilleurs. »

Etude sur l'Art chrétien, p. 145.

XIVe SÉRIE

LES FÊTES DE NOTRE SEIGNEUR

Et de la très-sainte Vierge

10 PLANCHES, 10 SUJETS

L'ANARCHIE DANS L'ART A PARTIR DE LA RENAISSANCE

« A partir de l'époque que l'on est convenu d'appeler la *Renaissance*, la peinture religieuse n'est plus un poëme conçu avec unité. C'est un concours ouvert, ou chacun cherche les moyens de se faire valoir. Le but de l'artiste n'est plus d'inspirer au peuple de nobles sentiments, toute son ambition est de flatter le goût, et d'obtenir le suffrage des connaisseurs. Et cette ambition est une cause de ruine, parce que, pour l'art comme pour la société, le progrès véritable n'est que dans la perfection morale. »

E. CARTIER.

Vie de Fra Angelico. p. 261.

XVe SÉRIE

LES FÊTES DES SAINTS

10 PLANCHES, 12 SUJETS

Pl. St Pierre délivré de prison par un Ange.

RAPHAEL JUGÉ COMME ARTISTE CHRÉTIEN

Fra Angelico disait avec vérité : Celui qui veut peindre les choses du Christ, doit vivre avec le Christ.

Raphaël, malgré son génie, ne pouvait faire mentir l'Evangile, servir deux maîtres à la fois, vivre avec le Christ et avec la Fornarina. Il mourut épuisé de gloire et de volupté; il avait cependant tout ce qu'il fallait pour conduire l'art chrétien à sa perfection, mais il lui manqua les grandes traditions de Giotto et la pureté du peintre de Fiesole.

Raphaël se laissa entraîner par le torrent de son siècle dans l'idolâtrie de la forme et le culte de l'antiquité païenne. Son incomparable talent consacra par des chefs-d'œuvre l'abandon des inspirations religieuses. Ses élèves le suivirent dans cette voie fatale, et personne ne dira que ce fut un progrès pour l'art.

XVe SÉRIE

LES FÊTES DES SAINTS

10 PLANCHES, 12 SUJETS

RAPHAEL JUGÉ COMME ARTISTE CHRÉTIEN

« Raphaël est incontestablement le génie incarné de la peinture, l'artiste le plus heureusement doué qui ait peut-être jamais existé. Son intelligence saisit avec une délicatesse extrême la beauté de toutes choses. Il s'assimile les qualités qu'il voit dans les autres : il les surpasse par la pureté de son dessin, la sagesse de sa couleur et la noblesse de ses compositions. Ce qui lui manque, c'est le souffle chrétien. »

Citons entre mille un fait à l'appui de nos affirmations.

Récemment un grand personnage s'extasiait en silence devant le tableau de la *Transfiguration*. Enfin il s'écria : Vraiment, cette épaule est *divine !*

Il parlait de la figure agenouillée au premier plan du tableau. C'est le portrait de la Fornarina.

Esquisse de l'étude sur l'Art chrétien, p. 37-38.

XVIe SÉRIE

LES LITANIES DES SAINTS

10 PLANCHES RENFERMANT CHACUNE 10 SUJETS

Pl. Les Apôtres, par Flandrin.

INGRES ET FLANDRIN

« Ingres, le peintre d'Homère et de Virgile, s'éprit de l'art grec et de la renaissance. Il chercha l'idéal de la forme et la vérité de l'expression. Sa haute intelligence et son goût sévère lui firent comprendre l'art du moyen-âge. Il essaya des sujets religieux sans beaucoup y réussir, parce qu'il prit Raphaël pour modèle. »

Le plus remarquable de ses élèves est Hippolyte Flandrin, qui était plus chrétien que lui. Il peint très-habilement des figures bien dessinées, bien drapées et des compositions régulières et savantes. Son chef-d'œuvre est sur la frise de la basilique de Saint-Vincent-de-Paul à Paris : *Les Litanies des Saints.* La plus belle et la plus monumentale de toutes ses compositions nous paraît être son *Entrée de J.-C. à Jérusalem*, dans le chœur de l'église St-Germain-des-Prés. On en trouvera la reproduction dans notre Paroissien illustré.

Lettres, II. 333.

XVIIe SÉRIE

LES PAPES

66 PLANCHES, 264 SUJETS

INGRES CONVERTI A LA PEINTURE DES MAITRES PRIMITIFS

« Ingres, directeur de l'Ecole de Rome, ne jurait d'abord que par les Grecs. Il disait de ses élèves qui s'étaient arrêtés à Florence, pour étudier les peintres de l'Ecole mystique :

« Ces Messieurs sont à Florence, moi, je suis à Rome. Ils étudient le gothique, moi je le déteste... Il n'y a que les Grecs ! »

« Bientôt il changea d'opinion, car d'après ce que m'ont dit plusieurs de ses contemporains, il s'enthousiasma en voyant les œuvres des maîtres primitifs. Il s'arrêta à Pise, fit des croquis au *Campo Santo*, entr'autres d'après le Christ de Giotto, près de la porte d'entrée, et disait : C'est à genoux qu'il faudrait copier ces hommes-là. »

AMAURY DUVAL, *l'Atelier d'Ingres*, p. 224.

S. HVGO. CART.

S. GREGORIVS. TH.

S. ELISABETH. VID.

S. EDMVNDVS. R.

XVIIIe SÉRIE

LE CALENDRIER DES SAINTS

De l'année chrétienne

110 PLANCHES, 360 SUJETS

Pl. St Grégoire.— Ste Elisabeth.— St Edmond (tiré des saints de chaque mois, par le P. Papebroch, S. J.)

LES GRAVURES FLAMANDES ÉDITÉES PAR LES JÉSUITES

« Les Galles, les Sadeler, les Vierix enrichissent de leurs gravures les livres de dévotion mystique qu'écrivirent à cette époque les Jésuites et les autres religieux flamands. Leurs emblèmes de l'amour divin, leurs pastorales spirituelles, leurs allégories bourgeoises, qui eurent une grande vogue, sont très-inférieures sans doute au symbolisme traditionnel et aux belles compositions qu'on admire dans la *Bible des Pauvres* ou dans l'*Histoire de la Vierge* d'après le Cantique des Cantiques; mais on y trouve cependant des idées ingénieuses, des figures naïves et des détails de mœurs rendus avec beaucoup de talent. Si nous rapprochions ces gravures des niaiseries pieuses et des images à dentelles dont s'enrichit aujourd'hui notre commerce, la comparaison ne serait certainement pas à notre avantage. »

E. CARTIER.
Etude sur l'Art chrétien, p. 131.

XIXe SÉRIE

LA VIE DE SAINT IGNACE

20 PLANCHES, 60 SUJETS

Pl. St Ignace battu par des libertins. — Apparitions de la très-sainte Vierge. — Extases.

L'ART CHRÉTIEN A LA MISSION SPÉCIALE D'ÉVANGÉLISER LES PAUVRES

« Le peuple avait sa part dans les jouissances artistiques. Des manuscrits à son usage étaient quelquefois enchaînés dans les églises, et les enlumineurs lui faisaient des *tableaux benoîts* qui se vendaient aux portes des sanctuaires célèbres..... Mais l'art chrétien, qui a pour mission spéciale d'évangéliser les pauvres, y fut surtout fidèle par l'invention de la gravure, qui mit à la portée de tous les dessins des manuscrits. »

E. CARTIER. *Art chrétien*, p. 118.

XXe SÉRIE

LA VIE DE SAINT FRANÇOIS D'ASSISE

12 PLANCHES, 36 SUJETS

Pl. Epouse la pauvreté. — Caresse l'Enfant-Jésus. — Prêche aux oiseaux.

L'ART CHRÉTIEN SOUS GIOTTO

« Giotto inaugura vraiment pour la peinture en Italie une ère nouvelle, et ce fut à saint François d'Assise qu'il dut cette gloire. La légende franciscaine qu'il eut à peindre sur son tombeau, émancipa l'art de ses compositions hiératiques. Il fallait, pour représenter des sujets contemporains, en étudier la vérité historique, la fidélité des costumes et la variété des expressions. Giotto le fit avec un incomparable talent.

XXIe SÉRIE

LA VIE DE SAINT FRANÇOIS D'ASSISE

12 PLANCHES, 36 SUJETS

Pl. La source miraculeuse au mont Alverne. — Les stigmates. — Un ange console François par une musique céleste.

L'ART CHRÉTIEN SOUS GIOTTO

« La peinture reçut de son exemple une impulsion prodigieuse. Il parcourut toute l'Italie, laissant partout des chefs-d'œuvre et des élèves, établissant des centres de progrès où des générations d'artistes se succèdent pour peindre de grands poëmes en l'honneur de Notre-Dame et des saints : Assise, Florence, Padoue, Naples, le Campo-Santo, dont les merveilles nous montrent encore l'Art chrétien dans son unité et sa variété. »

E. CARTIER. *Art chrétien.*

XXIIe SÉRIE

LA VIE DE SAINT BRUNO

38 PLANCHES, 18 SUJETS

Pl. Prédication du chanoine Diocrès devant saint Bruno.

LESUEUR, PEINTRE CHRÉTIEN

« Lesueur est un artiste chrétien qu'on ne saurait trop admirer. Nul ne lui est comparable dans l'école française. Il s'élève jusqu'à Raphaël dans quelques compositions, mais il le surpasse beaucoup par le sentiment religieux. Il suffit de citer sa vie de saint Bruno, dont le style noble et vrai l'égale au Giotto et à Fra Angelico lui-même dans leurs légendes de saint Dominique et de saint François. »

Art chrétien, p. 168.

XXIIe SÉRIE

LA VIE DE SAINT BRUNO

22 PLANCHES, 16 SUJETS

LA MISSION DE L'ART

L'art chrétien, l'art du Christ doit garder et cultiver le beau dans le jardin de l'Eglise... Cette mission sublime, l'art chrétien l'a remplie depuis les Catacombes jusqu'à la Renaissance exclusivement. Il a été docile aux enseignements de l'Eglise. Il en a traduit le symbolisme, bâti les temples, et embellie la liturgie. Au XIVe siècle, les peintres de Sienne commençaient ainsi les statuts de leur corporation : « La grâce de Dieu nous appelle à manifester aux hommes qui ne savent pas lire, les merveilles opérées par la sainte Foi. »

CARTIER. *Lettres d'un solitaire*, I, 109.

XXIIIe SÉRIE

LES SAINTS POPULAIRES DE FRANCE

30 PLANCHES, 40 SUJETS

Pl. Saint Vincent de Paul.

SUR L'INFLUENCE DE LA GRAVURE

« La gravure peut satisfaire tous les goûts, toutes les fortunes, toutes les conditions : elle orne le foyer domestique, le livre de prières, le cabinet du savant, le palais du prince. Il suffit de voir les gravures d'une maison pour deviner l'esprit de celui qui l'habite, sa culture intellectuelle, sa moralité, ses traditions, quelles étaient les pensées de ses ancêtres, quelle sera l'éducation de ses enfants. La gravure est vraiment l'art de la famille. »

Lettres d'un solitaire, II, 254.

XXIVe SÉRIE

LA DÉVOTION AU SACRÉ-COEUR

Et le Vœu national

10 PLANCHES, 30 SUJETS

Pl. Apparition du Sacré-Cœur à la Bienheureuse Marie.

LA PEINTURE DÉCORATIVE AU MOYEN-AGE

« Au moyen-âge, la peinture chrétienne enseigna le peuple dans les plus humbles chapelles. La fresque fut son principal moyen. Les artistes procédèrent par teintes plates, qui laissaient au monument toute la tranquillité de ses surfaces, et, avec trois couleurs primitives, le jaune, le rouge et le bleu, ils arrivèrent à des effets surprenants. Ils apportèrent la même science dans leurs tableaux ; leurs groupes ont la disposition des bas-reliefs antiques ; ils évitent les perspectives trop profondes et les couleurs trop foncées. Les figures sont peu modelées mais les gestes sont simples et expressifs ; tout se lit facilement, et l'œil n'a pas besoin de chercher pour comprendre. »

Esquisse de l'Etude de l'Art chrétien, par C. Cavallier, p. 28.

XXIVe SÉRIE

LA DÉVOTION AU SACRÉ-COEUR

Et le Vœu national

Pl. La strophe de saint Thomas: *Se nascens, dedit socium.*

L'ART CHRÉTIEN DU MOYEN-AGE CONVERTISSAIT LES AMES

« Roux-Lavergne et Besson avaient été souvent captivés par un des bas-reliefs du chœur de Notre-Dame. C'était Notre-Seigneur instituant la sainte Eucharistie. Roux-Lavergne était ravi surtout de la tristesse profonde et de l'incomparable bonté de la tète divine. Besson moula cette tête à l'insu de son ami et la plaça dans sa chambre en son absence. Ce fut comme une apparition pour Roux-Lavergne, qui tomba à genoux et fit à Dieu une prière qui fut le point de départ d'une vie nouvelle. »

Plus tard nous voyons Roux-Lavergne devenu prêtre, enseignant la théologie à Nîsmes, et, son ami Besson, enfant de saint Dominique, renouvelant à Rome, dans la chapelle de Saint-Sixte, les merveilles de Fra Angelico.

CARTIER. *Vie du P. Besson,* I, 46.

XXIVe SÉRIE

LA DÉVOTION AU SACRÉ-COEUR

Et le Vœu national

10 PLANCHES, 30 SUJETS

RÈGLE POUR JUGER SUREMENT LES ŒUVRES DE L'ART CHRÉTIEN

Vous me demandez un principe pour juger sûrement les œuvres de l'Art chrétien.

Vous allez voir que rien n'est plus simple, ce principe vous le possédez aussi bien que moi : Il est clair que le but de l'Art chrétien doit être identiquement le même que la fin de l'homme sur la terre : Connaître, aimer, servir Dieu et par ce moyen sauver son âme. Donc l'homme artiste ne peut, en bonne logique, employer son art que pour aider ceux qui verront ses œuvres à atteindre cette fin. Notre saint Père Ignace, nous faisant méditer ce principe fondamental, ajoute : « Toutes les choses créées ont été données à l'homme pour l'aider à atteindre cette fin, donc l'homme doit en user ou l'en obtenir EN TANT (*Tantùm quantùm*) qu'elles le conduisent à cette fin ou l'en éloignent : appliquons cette conclusion à l'homme artiste : Il a devant lui les matériaux de son art, la forme, le nu, la draperie, la composition, la couleur, l'expression, etc., s'il est, je ne dis pas chrétien, mais raisonnable, dans tous ces éléments, il prendra tout ce qu'il lui faut pour atteindre son but (*tantum quantum*) ; il sacrifiera impitoyablement tout le reste. En effet, n'est-il pas clair que l'usage de la forme, du nu, de la couleur, de la composition, de l'expression, peut-être exagéré, soit qu'il n'aille pas au but, soit même qu'il en détourne ? Ces réflexions si simples vous fournissent la règle que vous me demandez. Essayons-en l'application.

Voici une Vierge de la Renaissance : dessin, couleur, anatomie, draperies, ensemble de la composition, tout vous semble correct, parfait, saisissant, et pourtant vous n'êtes pas ému, vous ne pensez pas à prier, et si je vous demande pourquoi, vous me répondez : Ce n'est pas cela !

XXIVe SÉRIE

LA FRANCE CHRÉTIENNE

Et le Sacré-Cœur

Pl. Les trois premières époques.

Voici, au contraire, une Vierge du Moyen-Age. Pas d'anatomie, couleur et composition d'une simplicité primitive, rien qui fasse penser au talent de l'auteur, et cependant vous êtes ému, vous vous arrêtez pour prier et vous dites : C'est cela.

Prononcez hardiment du premier tableau qu'il y a tout ce talent qu'on voudra mais qu'il n'y a pas d'Art chrétien ; dites du second qu'il lui manque tout ce qu'on voudra mais qu'il possède ce qui fait éminemment l'Art chrétien : le sentiment religieux. Que le premier talent s'inspire du souffle qui anime le second, vous aurez la perfection de l'Art chrétien.

Notes du P. C... sur l'Art appliqué à la Liturgie.

RENAISSANCE DE L'ART CHRÉTIEN EN FRANCE

« L'art chrétien, depuis 1836, est compris, respecté, aimé. M. Rio publiait alors le premier volume de ce beau livre trop peu connu, même des catholiques, et qui porte fièrement sur la première page ces simples paroles : « *De l'Art chrétien,* » presque impossible avant M. de Montalembert. Huit ans après, M. Didron fondait ses Annales archéologiques... qui ont fait tant de lumière et produit tant de bien... La France, tout à coup, se sentit prise d'un grand désir de renouer sa tradition artistique.

XXIVe SÉRIE

LA FRANCE CHRÉTIENNE

Et le Sacré-Cœur

Nulle nation ne brise plus étourdîment le fil de ses traditions ; mais nulle, en un moment donné, ne met plus d'ardeur à les renouer. Elle consentit à admettre qu'elle avait été jadis en possession d'un art religieux, lequel était en même temps un art national.

« Mais on ne se contenta point de rendre justice à la seule architecture de ces siècles que la Renaissance avait proclamé barbares. La sculpture romaine et gothique, reçut, elle aussi, des hommages légitimes... En regardant de plus près les statues de nos vieux portails, on s'aperçut aisément qu'elles pensaient, qu'elles priaient, qu'elles vivaient. Le corps, sans doute, y est moins parfait que dans l'œuvre des Grecs, mais il contient une âme plus visible, et l'esprit radieux y pénètre mieux la chair plus immatérielle. La peinture est plus spiritualiste encore, mais moins parfaite, et semble attendre un Fra Angelico qui lui donne enfin toute l'expression et toutes les énergies dont elle est capable. »

Léon Gautier.
Préface de la Vie illustrée de sainte Elisabeth, p. XVI.

XXVe SÉRIE

LES OEUVRES CATHOLIQUES

12 PLANCHES, 30 SUJETS

Pl. L'apostolat de la prière.

ENSEIGNEMENT DE L'ART CHRÉTIEN

L'artiste a besoin d'un enseignement. L'art ne s'invente pas, et en le réduisant même à la simple imitation des objets visibles, il faut encore un maître pour voir et pour interpréter la nature.

Mais l'enseignement est bien plus nécessaire lorsqu'il s'agit de l'art véritable, de l'art religieux, car ce ne sont pas seulement des procédés, des moyens d'imitation à employer, ce sont des dogmes, des symboles à manifester et l'œuvre de l'artiste doit être l'expression des croyances de tous. La religion en fixe les types, l'idéal, et chez tous les peuples, nous voyons l'art sortir du sanctuaire.

Lettres, I. 16.

XXVᵉ SÉRIE

LA VIE SAINTE ET UTILE DES MOINES

6 PLANCHES, 18 SUJETS

Pl. Les moines hospitaliers. — Médecins. — Herborisateurs.

POUR JUGER ET FAIRE EXÉCUTER LES ŒUVRES D'ART CHRÉTIEN, IL FAUT DE SÉRIEUSES CONNAISSANCES

La critique des œuvres d'art est celle qui exige le plus de connaissances spéciales et d'études variées, et cependant tout le monde se croit capable de parler et d'écrire sur ce sujet.

CARTIER. *Vie de Fra Angelico*, 402.

Si, pour juger les œuvres d'art, il faut de sérieuses connaissances, il est clair que pour en diriger l'exécution, il en faut encore davantage.

L'ART CHRÉTIEN A SON BERCEAU DANS LES MONASTÈRES

« En remontant à la source de tous les progrès dont se glorifie notre siècle, on arrive toujours à un cloître et à des moines qui nous servent d'intermédiaires avec l'antiquité. Ce sont ces infatigables travailleurs qui ont civilisé les barbares, défriché les forêts, enseigné les sciences, créé les universités, développé l'industrie, et bâti ces merveilleux monuments que nous commençons à comprendre. »

E. CARTIER. *Etude sur l'Art chrétien.*

XXVIe SÉRIE

LA VIE CHRÉTIENNE DANS LA FAMILLE

4 PLANCHES, 12 SUJETS

Pl. Prière en famille. — L'*Angelus* dans les champs. — Après le travail.

MISSION DES ORDRES RELIGIEUX DANS LA RESTAURATION DE L'ART CHRÉTIEN

Je ne le cache pas, au risque de passer pour clérical, c'est par l'action providentielle d'un ordre religieux que j'espère la renaissance de l'art chrétien. L'art chrétien a une mission sublime à remplir, puisqu'il est appelé à manifester le vrai par le beau et à glorifier Dieu dans l'Eglise et dans les saints. N'est-il pas permis de lui souhaiter, pour le faire, les vertus du sacerdoce et de l'apostolat ? Qui serait plus capable de former des artistes que ceux qu'aurait déjà formés la vie religieuse ?....

...... Les ordres religieux ont donné à l'art les chefs-d'œuvre les plus purs ; pourquoi ne contribueraient-ils pas encore à sa rénovation qui ne peut se faire que par le Christ : *instaurare omnia in Christo !*

Lettres d'un solitaire, I. 21.

XXVIIe SÉRIE

SUJETS VARIÉS

FONDATIONS D'ATELIERS CHRÉTIENS

Il m'a été donné de voir à Gand ce qu'ont fait de simples frères des écoles chrétiennes. Tous les soirs, les ouvriers de la ville viennent recevoir des leçons de dessin, de sculpture et d'architecture. Leurs progrès sont si rapides, qu'après avoir suivi ces cours pendant quelques années, ils sont recherchés par tous les patrons de la Belgique pour diriger leurs ateliers. Ces résultats si étonnants sont dûs à l'excellente méthode inaugurée par un éminent artiste chrétien, le baron de Béthune d'Ydewalle. Elle consiste à donner avant tout, à l'élève, l'idée que doit exprimer la forme, et à lui faire suivre, dans cette expression, la marche progressive de l'art. Au lieu de lui imposer des modèles antiques que son esprit et sa main ne sauraient reproduire ni comprendre, le maître lui offre d'abord les types simples et purs qui ont précédé la Renaissance, et il lui explique les pensées qui en ont été l'inspiration.

Lettres d'un solitaire, I. 22.

XXVIIIe SÉRIE

LA CIVILISATION CHRÉTIENNE

Pl. Tableaux du Cercle catholique de Marseille.

LA CORPORATION DE SAINT LUC AU CERCLE CATHOLIQUE DU MONT-PARNASSE.

« J'ai eu la bonne fortune d'assister à la fête annuelle de la Corporation de St-Luc, au Cercle catholique du Mont-Parnasse. En peu d'instants, j'ai pu me rendre compte du bien qu'on peut attendre de la restauration des Corporations dans notre pays. Cette restauration, j'en suis convaincu, est la seule solution de cette terrible crise, à la fois ouvrière et sociale, qui menace aujourd'hui jusqu'à notre existence.

Dans un seul tableau, tous les avantages de la Corporation étaient réunis sous mes yeux ; ils contrastaient d'une manière saisissante avec l'individualisme et l'isolement, les sentiments d'antagonisme et de haine créés dans la classe ouvrière par la suppression des maîtrises. Voici d'abord les artistes et artisans, patrons, ouvriers et apprentis, réunis devant le même autel, devant la même bannière de Saint-Luc, mêlant leurs voix pendant le sacrifice pour exécuter les plus beaux motets de plain-chant, puis ils s'approchent ensemble de la sainte Table et finissent en unissant leurs

LA CIVILISATION CHRÉTIENNE

prières pour l'œuvre, leurs familles, leur patrie, pour le Pape et pour l'Eglise. Une éloquente allocution du P. Vasseur leur expose le vrai principe de l'art: Dieu premier et suprême artiste du monde, à imiter dans toutes les œuvres de l'art. Le banquet annuel suit cette allocution : suivant la vieille coutume un pauvre ouvrier est invité à la table d'honneur: il est assis entre le P. Vasseur et le Directeur du Cercle. M. Gaillard, notre célèbre graveur français, préside le banquet. Son discours est des plus chrétiens et des plus éloquents. En sortant je suis ravi de voir le curieux musée de la Corporation : une partie est occupée par les monuments des anciennes Corporations, tableaux des maîtrises, *ex voto* aux saints Patrons, parchemins et sceaux des Corporations, chefs-d'œuvre exécutés par les candidats à la maîtrise; puis vient une vaste galerie de modèles en plâtre pour l'étude de tous les départements des arts d'imitation..., cours, salle, jeux, bibliothèque pour les membres de la Corporation, etc., etc. Vraiment n'est-ce pas là faire retrouver à l'ouvrier la religion, la famille, la fraterniié, la dignité sociale que, sous prétexte de liberté, lui avaient arraché les décrets de 1791 supprimant les Corporations?

JOUVENOT, élève de l'Ecole des Beaux-Arts.

AUTRE SÉRIE

DE SAINTS POPULAIRES

Pl. Saint François-Xavier.

L'ENSEIGNEMENT DE L'ART CHRÉTIEN EN ALLEMAGNE

Ce qui se fait à Gand avait commencé à se faire en Allemagne. Des artistes religieux s'étaient réunis à l'ombre d'un cloître bénédictin et y avaient formé une école de plain-chant célèbre et un atelier de peinture qui avait déjà produit des œuvres remarquables. L'abbaye de Saint-Martin de Beuron devait agrandir l'œuvre du baron de Béthune, qui lui offrit son fils, comme on le faisait autrefois. Des moines allaient pratiquer et enseigner l'art dans son ensemble et lui rendre ses traditions chrétiennes. L'école d'Overbeck renaissait plus durable et plus puissante, mais la guerre infernale déclarée à l'Eglise, n'a pas épargné ce sanctuaire. Le vent de la persécution a dispersé les artistes de Beuron dans le Tyrol, en Belgique, jusqu'en Angleterre. Puissent-ils créer dans leurs nouveaux monastères des ateliers où l'art chrétien sera enseigné avec cette sûreté de doctrine, cette piété, ce dévouement, cette persévérance dont les religieux donnent au monde l'exemple !

Lettres d'un solitaire, I. 23.

XXIXe SÉRIE

SAINTS POPULAIRES

Pl. Saint Christophe.

LE VRAI ET LE FAUX GENRE DANS L'IMAGERIE POPULAIRE EN COULEURS

Trop longtemps nos fabricants se sont faussement imaginé que le triomphe de la lithochromie appliquée à l'imagerie populaire consistait à rendre par un minutieux pointillé, et par de nombreuses superpositions de couleur, toutes les gradations de tons, le modelé et le clair obscur des peintures à l'huile de l'école moderne.

Les perfectionnements de l'outillage moderne ont permis de réaliser, surtout dans l'imagerie de petite dimension, les résultats surprenants au point de vue du fini et du bon marché. Voilà ce qui, suivant le langage des artistes, a fait tomber la lithochromie dans l'épiccrie: tout est devenu *chromos* de ce genre, depuis les bons points républicains jusqu'aux étiquettes pour la confiserie, les calicots, les vues, les boîtes de primeur et les boîtes de cirage.

Comme il arrive toujours, cet abus poussé à l'excès, a fini par tuer ce mauvais goût en rétablissant la distinction des genres : le bon goût a fait reconnaître que l'imagerie ne doit pas être une imitation de la peinture à l'huile, à

XXXe SÉRIE

LES ŒUVRES CATHOLIQUES

La Sainte Enfance

PVERI·NVTRICIBVS COMMITTVNTVR

PVERI·BAPTISANTVR

PVERI·CHRISTIANIS MORIBVS·INFORMANTVR

moins que le but spécial ne soit la reproduction la plus fidèle d'une belle œuvre.

L'imagerie religieuse a son style propre se rapprochant bien plus de la peinture monumentale, simple et majestueuse que de la peinture de salon; ce style est principalement caractérisé par la ligne, l'exécution simple et les tons francs ; sa perfection sera donc dans la pureté des lignes, dans le brillant, le contraste et l'harmonie des couleurs de ce genre ; or, ce caractère est précisément celui de la peinture des Chinois : ajoutez-y l'élévation de la conception, la beauté des types, plus de correction dans le dessin, et vous aurez le belle imagerie populaire.

Au reste, voici une chose fort curieuse : Tandis que plusieurs Missionnaires de l'Extrême-Orient favorisent avec ardeur le mauvais goût dont nous venons de parler, nous reconnaissons en Europe que, pour être vrais, il nous faut revenir au genre Chinois. L'imagerie coloriée de l'histoire Sainte, éditée en ce moment par M. le baron Bertrand Lyssen en est une preuve. Les Chinois croiront certainement qu'elle est sortie de leurs presses.

A. Vasseur. *Lettre sur une école chinoise de St-Luc*, Palmé, Paris.

XXXᵉ SÉRIE

LES OEUVRES CATHOLIQUES

La Propagation de la Foi

12 PLANCHES, 30 SUJETS

Pl. Saint Louis envoie des missionnaires en Tartarie. — Prédication de saint François-Xavier. — Les apôtres du Nouveau-Monde.

L'ŒUVRE DES ÉCOLES CHINOISES DE SAINT-LUC, JUGÉE PAR LE COMITÉ DE L'ART CHRÉTIEN, A PARIS.

En voyant les productions de votre atelier de Tou-Sei-Wei, ces grands tableaux de la religion, ces albums illustrés, et la collection d'aquarelles artistiques destinées à orner une Apologétique pour les lettrés chinois, ces messieurs étaient surpris et enchantés : « Mais voilà, disaient-ils, une véritable révélation ! Vos Chinois font déjà pour leur pays ce que nous cherchons encore à réaliser pour les nôtres ! Jamais nous ne pourrons rivaliser avec eux ; les qualités de leurs matériaux, leur habitude du burin et du pinceau, leur patience et leur talent d'imitation, joints au bas prix étonnant de leur main-d'œuvre, tout cela rend la concurrence impossible dans le champ de l'imagerie populaire ; il y a dans cette œuvre des avantages inappréciables pour les missions. »

A. VASSEUR S. J. *Mélanges sur la Chine, Lettres sur une école chinoise de St-Luc, auxiliaire de la Propagation de la Foi*, (chez PALMÉ, Paris).

XXXIe SÉRIE

LA PROPAGATION DE LA FOI

Pl. La religion expliquée aux Chinois par les images.

POUR FORMER UN ATELIER DE PEINTURE CHRÉTIENNE, C'EST A FRA ANGELICO QU'IL FAUT REPRENDRE LA TRADITION INTERROMPUE PAR LA RENAISSANCE.

« Fra Angelico est le meilleur guide à suivre dans la renaissance contemporaine de l'art chrétien. C'est à lui qu'il faut reprendre la tradition interrompue. Il faut, à son exemple, croire fermement aux dogmes, méditer l'évangile et en admirer la beauté dans la vie des Saints. Il faut aussi les étudier dans les œuvres des maîtres des écoles anciennes qui sont les pères de l'art chrétien, non pour en imiter le vieux style, mais pour en suivre les types, qui sont les définitions des vérités à rendre. L'art a besoin, comme la religion, d'une autorité doctrinale, qui donne à tous les mêmes vérités. »

CARTIER *Vie de Fra Angelico,* 369.

XXXIe SÉRIE

LA PROPAGATION DE LA FOI

Pl. La religion expliquée aux Chinois par les images.

JUGEMENT DE D'AGINCOURT SUR LES ŒUVRES DE FRA ANGELICO

« Les attitudes modestes, l'air d'attention et l'expression de la piété qui semble animer les personnages, ont quelque chose de touchant parce qu'on y reconnaît l'imitation de la nature. Il y a dans ces ouvrages une autre particularité bien remarquable, qui a pareillement sa source dans l'attention qu'apporte l'artiste à rendre fidèlement toutes les circonstances du sujet, c'est que l'ordonnance, sage à cet égard, l'indique sans incertitude. Cette justesse d'expression, le religieux artiste la devait certainement aux sentiments de ses propres vertus, aux modèles que ses pieux confrères lui présentaient tous les jours, et ce talent de saisir ces beautés, il l'avait puisé dans une école qui depuis plus d'un siècle cherchait la perfection en s'attachant à la simple vérité. »

D'AGINCOURT.

On ne peut mieux juger et mieux louer la grande école de Giotto.

XXXIIe SÉRIE

LES ŒUVRES DE FRA ANGELICO

40 PLANCHES, 40 SUJETS

Pl. Les Saints, dans le tableau du couronnement de la Vierge.

JUGEMENT DU Cte DE MONTALEMBERT SUR FRA ANGELICO

Après avoir parlé des moines qui peignaient les manuscrits, M. de Montalembert ajoute :

« Tous ces moines peintres furent les précurseurs de celui que nous n'hésiterons pas à nommer le plus grand des peintres chrétiens, comme il en fut le plus saint, le bienheureux frère Jean de Fiesole, surnommé *Angelico*, et qu'on nomme encore aujourd'hui à Florence, *il Beato*. Cet incomparable artiste a triomphé même des préjugés et des répugnances classiques de Vasari. C'est lui qui se mettait en prière chaque jour avant de commencer à peindre, car il ne travaillait que pour exprimer à Dieu sa foi, son

XXXIIe SÉRIE

LES ŒUVRES DE FRA ANGELICO

Pl. Les Saints, dans le tableau du couronnement de la Vierge.

espérance et son amour. C'était lui qui pleurait à chaudes larmes chaque fois qu'il avait à peindre une crucifixion, tant il souffrait avec le Sauveur mort pour le racheter. Tout catholique doit éprouver un ineffable bonheur, en contemplant ses œuvres merveilleuses, où Dieu a permis que la perfection de l'expression vint répondre à la perfection de l'invention, et qui sont, on peut le dire, le *nec plus ultrà* de l'art chrétien. Ce qui le prouve mieux que tout, c'est le sentiment de piété, de componction qui saisit tout d'abord à la vue d'un des tableaux du Beato. On reconnait la religion avec toute sa force, qui nous parle sous le voile de la plus pure beauté. »

Le Cte DE MONTALEMBERT.
Du Vandalisme et du Catholicisme dans l'art, p. 96.

XXXIIe SÉRIE

LES OEUVRES DE FRA ANGELICO

Pl. La descente de croix de Fra Angelico.

« Il faudrait être bien inaccessible à tout ce que l'art chrétien peut faire naître d'émotions plus délicieuses dans une âme convenablement préparée, pour relever minutieusement toutes les imperfections techniques dans les produits de ce pinceau véritablement divin, imperfections qui d'ailleurs tiennent beaucoup moins à l'impuissance de la perfection dans l'artiste, qu'à son indifférence pour tout ce qui était étranger au but transcendental qui occupait sa pieuse imagination.

« La componction du cœur, les élans vers Dieu, le ravissement extatique, l'avant-goût de la béatitude céleste, tout cet ordre d'émotions profondes que nul artiste ne peut rendre sans les avoir préalablement éprouvées, furent comme le cycle mystérieux que le génie du Frère Angélique se plaisait à parcourir. »

Mr Rio. *De l'Art chrétien,* vol. I.

XXXIIe SÉRIE

LES ŒUVRES DE FRA ANGELICO

Pl. La descente de croix de Fra Angelico.

Fra Angelico a écrit (en tableaux) la vie de Notre Seigneur. L'onction sacerdotale avait préparé ses mains...., et il n'est pas étonnant que les doigts qui tenaient chaque jour le corps de la Victime Sainte aient produit des chefs-d'œuvre si purs. La peinture faisait partie de son ministère : chargé de distribuer aux fidèles la lumière de la grâce et de la vérité, il le fit en leur offrant des tableaux qui convertissaient et sanctifiaient les cœurs. Ces prédications n'ont pas perdu leur éloquence. On nous a cité, à Florence, des protestants qui après avoir vu les tableaux de Fra Angelico sont revenus à une religion capable d'inspirer de semblables peintures.

CARTIER. *Vie de Fra Angelico,* 163.

XXXII° SÉRIE

LES OEUVRES DE FRA ANGELICO

Pl. Anges de Fra Angelico.

FRA ANGELICO, MODÈLE DES ARTISTES CHRÉTIENS, JUGE LA RENAISSANCE

Fra Angelico, modèle de tous les artistes par la sainteté de ses aspirations, est aussi leur modèle par la forme dont il sut revêtir ses inspirations. Il a assisté au début de la Renaissance. Il a démêlé ce qu'il y avait de beau dans le beau naturel, mais il est resté fidèle au beau moral. Il ne s'est pas laissé égarer par le désir d'une gloire personnelle, il n'a vu dans les beautés de la terre que les reflets des beautés du ciel. Il a aimé Dieu et a voulu le faire aimer. C'était là son but suprême, et c'est parce qu'il y a été fidèle que son talent a été préservé de toute décadence. »

CARTIER. *Vie de Fra Angelico*, p. 263.

XXXIIe SÉRIE

LES OEUVRES DE FRA ANGELICO

Pl. Anges de Fra Angelico.

IL Y A PLUS D'ART DANS LES MINIATURES CHINOISES QUE DANS NOS CHROMOLITHOGRAPHIES DE COMMERCE.

La peinture des Chinois (nous ne parlons pas de la grossière imagerie destinée au peuple), est empreinte d'un cachet d'originalité, d'éclat, d'harmonie, de délicatesse, qui fait le charme des artistes de tous les pays et de toutes les écoles. Il y a peu de temps, je montrais à notre célèbre artiste chrétien, M. Olivier Merson, le tableau de l'adoration des Cinq-Plaies, peint par nos orphelins chinois, en le plaçant en regard d'une image exécutée à Paris, avec le luxe de seize planches de couleur, et qu'on destinait à la Chine. « Croyez-moi, me dit-il, cette œuvre parisienne n'a d'autre mérite que les nombreuses superpositions de couleur, il y a infiniment plus d'art dans la première exécutée par vos Chinois. »

A. VASSEUR S. J. *Lettres sur une école chinoise de St Luc, auxiliaire de la Propagation de la Foi.*

XXXIIIe SÉRIE

L'ART CHRÉTIEN

Servi par l'Art oriental

Pl. Art chinois : Mosaïque.

CE QUI FAIT LE MÉRITE DES MINIATURES CHINOISES
LE JAPON DE NOS JOURS

« Le principe de leur supériorité, dit M. Bousquet, repose sur la connaissance approfondie des lois de la couleur ; personne n'en possède la théorie à un plus haut degré que les Chinois et les Japonais.... Imitateurs patients et fidèles de la nature, ils n'ont pas eu d'autre maître. C'est d'elle qu'ils ont appris l'harmonie optique, non dans les dégradations savantes, mais *dans la juxtaposition des tons francs portés à leur plus haute puissance et s'exaltant mutuellement par le contraste.* »

Volontiers j'assimilerais l'habileté de nos peintres chinois à celle de nos miniaturistes du moyen-âge. Même naïveté dans les scènes, même éclat et même harmonie de couleur, même fini dans les détails. Qu'on leur apprenne graduellement à introduire la perspective dans leurs scènes, la correction dans leurs figures, et, presque pour rien, on leur fera faire des merveilles.

A. Vasseur S. J. *Lettres sur une école chinoise de St Luc, auxiliaire de la Propagation de la Foi.*

L'art chinois : Oiseaux et fleurs.

L'ŒUVRE DU P. VASSEUR

A L'EXPOSITION

D'IMAGERIE RELIGIEUSE

à Montpellier

Article de l'*Etoile du Midi,* 7 juin 1885

L'exposition industrielle de Montpellier a inspiré à la Société de St-Jean l'heureuse idée de mettre sous les yeux du public un brillant spécimen d'Imagerie religieuse.

Grâce à la fièvre qui mine notre pauvre France, nous avons subi plus d'une éclipse sur divers terrains, l'imagerie religieuse est de ceux-là. Il faut le reconnaître, l'Allemagne, la Belgique et la Suisse font une rude concurrence aux produits similaires français.

Si donc, nos éditeurs spécialistes conservent leur rang dans la mêlée, il faut les féliciter de leur persévérance et nous réjouir qu'il existe des *Sociétés* comme celle de *Saint-Jean*, par exemple, qui encouragent et récompensent les ouvriers chrétiens, quels qu'ils soient, par ce motif qu'ils travaillent pour la gloire de Dieu et de son Eglise.

Nous sommes fier de dire que l'œuvre du P. Vasseur (un bon Français celui-là !) domine l'Exposition actuelle, et provoque les sympathies générales.

On se demande par quels miracles d'intelligence et d'activité un pauvre missionnaire, armé d'une pauvre image pour tout levier, a résolu le rude problème de moraliser, de christianiser tant de païens, tant de barbares.

L'art chinois.

L'œuvre du P. Vasseur prend sans cesse de nouveaux développements.

Il nous serait impossible d'énumérer les mille inventions de ce grand missionnaire; il a enfanté, on peut le dire, une véritable encyclopédie catholique répondant à tous les besoins; voyez ses *Bibles,* ses *Catéchismes,* ses *Rosaires illustrés;* voyez sa *Biographie de Confucius,* son *Encyclopédie chinoise illustrée,* ses *Illustrations apologétiques de la Religion* adressées aux lettrés chinois, son plan si bien combiné, si simple et si pratique de décoration des églises de missions au moyen de sa nouvelle galerie de toute la Religion en soixante tableaux, etc. Il y a là des pages d'autant plus intéressantes qu'elles ont le parfum du crû.....

Oui, le P. Vasseur a enrichi les éditeurs qui ont utilisé son crayon d'or, lui seul est resté pauvre. La France, quoi qu'il arrive, n'abandonnera pas plus le missionnaire chinois que le cardinal Lavigerie, il y a des devoirs auxquels on ne se soustrait pas quand on est catholique et Français.

Voici l'ordre dans lequel les médailles ont été décernées aux exposants de 1885. Nous devons faire observer que notre exposition n'avait été ouverte qu'à ceux qui avaient été médaillés dans de précédentes expositions.

Premier prix : Une médaille de vermeil (la seule), a été attribué au R. P. Vasseur.

Trois médailles d'argent grand module ont été accordées à MM. Benziger, frères, d'Einsielden (Suisse); Desclée, de Lille, et Pustet, de Ratisbonne (Bavière); cinq médailles d'argent, petit module, ont été obtenues par le journal le *Pèlerin* (de Paris); M. Burkard, de Wissembourg (Alsace); Mme Chaillou-Valleix, de Paris; M. de Farcy, d'Angers et M. Poupin, de Paris. Enfin, six médailles de bronze ont eté attribuées à MM. Gisler, frères, d'Aldtorf (Suisse); Mlle Boulet, d'Alençon; M. Gauthier, de Paris; M. le chanoine Pallard et à MM. Poussielgue-Rusafd et Robin, de Paris.

J. Del[illegible]

www.ingramcontent.com/pod-product-compliance
Lightning Source LLC
LaVergne TN
LVHW020038170826
845678LV00001B/308